ANALISI DEL LIBRO

AF126491

Favole

• • • • • • • • • • • • • • • •

Jean de La Fontaine

ANALISI DEL LIBRO

Scritto da Erika de Gouveia
Tradotto da Sara Rossi

Favole

- - - - - - - - - - - - - - - - - - - -

Jean de La Fontaine

JEAN DE LA FONTAINE

POETA FRANCESE

- **Nato nel 1621 a Château-Thierry (Aisne)**
- **Morto nel 1695 a Parigi**
- **Alcune delle sue opere:**
  - *Adone* (1658), poema
  - *Contes et nouvelles* (1665), raccolta di racconti
  - *Fables choisies mises en vers* (1668-1694), raccolta di fiabe

Nato nel 1621 da un padre maestro d'acqua e di foreste, Jean de La Fontaine ha un'infanzia rurale. Il suo poema *Adonis* attira l'attenzione di Nicolas Fouquet (1615-1680), sovrintendente alle finanze. La Fontaine diviene il suo poeta personale e nel 1659 gli dedica un altro poema, intitolato *Le Songe de Vaux*. L'anno successivo, tuttavia, Luigi XIV (1638-1715), geloso della sua opulenza, imprigiona questo ministro troppo influente.

Rifugiatosi per un certo periodo nel Limousin, La Fontaine torna poi alla vita mondana e trova nuovi mecenati. In seguito produce la maggior parte delle sue opere, frequenta altri scrittori del suo tempo come La Rochefoucauld (1613-1680), Molière (1622-1673), Mme de Sévigné (1626-1696), Boileau (1636-1711) e Racine (1639-1699), e fu ammesso all'Académie française nel 1684. Il più grande poeta del XVII secolo non fu solo autore di favole e racconti, ma anche di opere teatrali e storie didattiche.

FAVOLE

UN'OPERA SENZA TEMPO

- **Genere:** favole
- **Edizione di riferimento:** *Fables*, Paris, Le Livre de Poche, coll. « Les Classiques de Poche », 2002, 544 p.
- **1° edizione:** 1668
- **Temi:** moralità, buone maniere, società, politica

Le Favole sono una serie di raccolte poetiche. Illustrati, sono destinati principalmente a un pubblico sociale. Si tratta di 248 testi, suddivisi in dodici libri (o parti).

La prima raccolta, *Fables choisies mises en vers*, apparve nel 1668 e conteneva sei libri. L'entusiasmo dei lettori è stato immediato. La seconda raccolta, *Fables, nouvelles et autres poésies*, fu pubblicata a Parigi da Denis Thierry in due volumi (1678 e 1679), per un totale di cinque libri. Infine, Claude Barbin pubblicò *il Libro XII. Fables choisies*, nel 1693. Contiene 29 favole, 14 delle quali erano già state pubblicate in precedenza in *Le Mercure galant* o nelle *Œuvres de Maucroix et de La Fontaine* (1685).

Le numerose riedizioni nel corso dei secoli confermano il carattere essenziale e senza tempo di quest'opera.

SINTESI

Le Favole di Jean de la Fontaine sono raggruppate in tre raccolte e poi suddivise in diversi libri. Il seguente elenco presenta una breve selezione delle favole più note o più significative.

PRIMA COLLEZIONE

- **"La cicala e la formica"** (I, Libro I). Mentre la formica accumulava le sue riserve di cibo, la cicala rimaneva spensierata. In inverno, la Cicala affamata implora la Formica per avere del cibo, e la Formica la rimprovera per la sua negligenza.

- **"Il corvo e la volpe"** (I, Libro II). La volpe si imbatte nel corvo, che tiene nel becco un formaggio. La Volpe lusinga il Corvo per farlo parlare e riavere così il formaggio.

- **"La rana che vuole essere grande come il bue"** (I, Libro III). Invidiosa della statura del bue, la rana cerca di gonfiarsi fino a esplodere.

- **"I due muli"** (I, libro IV). Uno dei muli porta l'avena, mentre l'altro porta orgogliosamente il denaro delle tasse. Quando i briganti appaiono, attaccano quest'ultimo. L'altro fugge.

- **"Il lupo e il cane"** (I, Libro V). Un lupo affamato invidia lo status di un cane ben nutrito e comodo. Ma alla vista del collare, il lupo scappa, preferendo la libertà.

- **"La giovenca, la capra e la pecora in società con il leone"** (I, Libro VI). Questi animali accettano di condividere i loro beni. Ma quando si tratta di dividere un cervo catturato, il Leone intimidisce i suoi soci e si prende tutti i pezzi.

- **"La rondine e gli uccellini"** (I, libro VIII). Una rondine esperta avverte i passeriformi che la canapa che cresce nel campo vicino sarà usata per costruire trappole. Li esorta a prevenire il raccolto. Non le danno retta e vengono scoperti.

- **"Il topo di città e il topo di campagna"** (I, Libro IX) Il topo di città invita il topo di campagna a un banchetto a casa sua. La visita è interrotta dall'intrusione di un umano durante il pasto. Entrambi i topi devono nascondersi fino a quando la via è di nuovo libera. Il topo di campagna torna a casa, perché almeno in campagna non sarà interrotto e non avrà nulla da temere.

- **"Il lupo e l'agnello"** (I, Libro X). Un agnello si sta dissetando in mezzo alla foresta quando viene sorpreso da un lupo che sostiene di essere la sua fonte di bevanda. L'agnello cerca di difendersi con argomenti, ma finisce per essere mangiato.

- **"I ladri e l'asino"** (I, Libro XIII). Mentre due ladri stanno litigando per un asino, arriva un terzo ladro e glielo porta via.

- **"L'uomo tra i secoli e le sue due amanti"** (I, libro XVII). Mentre un uomo corteggia due vedove, la più anziana gli toglie i capelli neri, la più giovane i capelli bianchi, così che finisce per essere calvo.

- **"La volpe e la cicogna"** (I, Libro XVIII). La volpe invita la cicogna. La cicogna non può mangiare perché il suo becco le impedisce di mangiare da un piatto. Per vendicarsi, invita la Volpe a mangiare a sua volta: non può mangiare il buon pasto della Cicogna, bloccato sul fondo di un vaso lungo e stretto.

- **"I calabroni e le mosche del miele"** (I, Libro XXI) Le api e i calabroni litigano sul loro ruolo di produttori di miele. Il giudice, una vespa, ascolta le varie testimonianze prima di concludere che il miele è stato prodotto dalle api.

- **"La quercia e il giunco"** (I, Libro XXII). La quercia si prende gioco della piccolezza e dell'apparente fragilità della canna. Si scatena una tempesta, la canna resiste al vento piegandosi, mentre la quercia viene sradicata.

- **"Consiglio tenuto dai ratti"** (II, Libro II). I Ratti si riuniscono per trovare una soluzione alle devastazioni del gatto Rodilardus. Concordano sulla necessità di attaccargli un campanello che avverta della sua presenza, ma nessuno si offre volontario per legarglielo al collo.

- **"Il leone e il moscerino"** (II, libro IX). Il potere del Leone non impedisce al moscerino di raggiungerlo e di tormentarlo. Vittorioso, il moscerino è a sua volta vittima di un altro animale, il ragno.

- **"Il leone e il topo"** (II, Libro XI). Un leone risparmia la vita di un topo. Un giorno, il Leone viene catturato nelle reti. Per ringraziarlo, il Topo lo salva rosicchiando le corde.

- **"Il lupo come pastore"** (III, Libro III). Un lupo si traveste da pastore per ingannare le pecore. Non riuscendo a imitare la voce del pastore, viene catturato.

- **"Le rane che chiedono un re"** (III, libro IV). Le Rane chiedono a Giove di dare loro un re. Giove allora invia loro una gru, ghiotta di batraci, che li divora tutti.

- **"La volpe e la capra"** (III, Libro V). Assetati, i due animali rimangono bloccati in un pozzo. La capra aiuta la volpe a uscire e quest'ultima la lascia sul fondo.

- **"Il gatto e il vecchio topo"** (III, libro XVIII). Un gatto astuto fa il morto. I topi felici vengono masticati. Un'altra volta, il gatto si ricopre di farina, per attirare i più avidi. Un topo diffidente lo evita.

- **"Il pesciolino e il pescatore"** (V, Libro III). Un pesciolino cerca di convincere il pescatore a rilasciarlo per catturarlo quando sarà più grande, invano.

- **"L'aratore e i suoi figli"** (V, Libro IX). Agonizzante, l'aratore fa credere ai suoi figli che il loro campo nasconde un tesoro per incoraggiarli a lavorare la terra. I bambini sono avidi e non risparmiano sforzi per trovare il tesoro. Il loro lavoro viene premiato, perché il campo diventa più fertile e il raccolto è buono.

- **"La gallina dalle uova d'oro"** (V, Libro XIII). Un uomo uccide la gallina che depone uova d'oro per lui, per vedere se nella sua pancia c'è un tesoro. Non trova nulla e perde così la fonte della sua fortuna.

- **"La lepre e la tartaruga"** (VI, libro X). Si svolge una gara tra una lepre e una tartaruga: vince chi raggiunge per primo la meta. La lepre pensa di aver vinto la scommessa e rimanda la partenza. Ma aspetta troppo e la tartaruga arriva prima di lui.

SECONDA RACCOLTA

- **"Gli animali malati di peste"** (VII, Libro I). Per purificare i loro peccati, gli animali si accordano per sacrificare il più colpevole. Non osano attaccare il leone, la tigre o l'orso. Alla fine, è un asino onesto che viene condannato.

- **"La lattaia e il bricco del latte"** (VII, Libro IX). Sognando i profitti che potrebbe fare e la ricchezza che potrebbe accumulare, una lattaia versa il suo latte.

- **"I due galli"** (VII, Libro XII). Due galli si contendono un pollo. Il vincitore canta la sua vittoria e attira l'attenzione di un avvoltoio che lo divora.

- **"L'asino e il cane"** (VIII, libro XVII). Un cane e un asino hanno lo stesso padrone, che sta dormendo. L'asino sta pascolando nell'erba; non aiuta il cane affamato a servirsi dal cesto del pane e gli dice di aspettare che il padrone si svegli. Il cane gli dà la stessa risposta quando un lupo insegue l'asino.

- **"I due piccioni"** (IX, Libro II) mette l'amore al di sopra del bisogno di novità e di avventura.

- **"L'uomo e il serpente"** (X, Libro I). Un uomo cattura un serpente e vuole ucciderlo perché è dannoso. Il serpente gli dimostra che l'uomo è ancora più dannoso di lui. Infuriato, l'uomo spara comunque all'animale.

TERZA COLLEZIONE

- **"I compagni di Ulisse"** (XII, Libro I). Trasformati in animali dal veleno di Circe, i compagni di Odisseo preferiscono il loro nuovo stato a quello di uomini e non vogliono tornare alla loro forma umana, che ora considerano inferiore a quella animale.

- **"Il cervo malato"** (XII, Libro VI). Un cervo morente vuole essere lasciato in pace e rifiuta chi vuole aiutarlo o confortarlo. Gli animali si nutrono nelle vicinanze prima di andarsene. Il cervo muore di fame piuttosto che di malattia.

ILLUMINAZIONE

CLASSICISMO

Il classicismo è caratterizzato dalla presenza di grandi saloni barocchi, luoghi di incontro e di riflessione su temi diversi come l'arte, la letteratura e la politica. Questi salotti sono organizzati dai cortigiani e riuniscono artisti, intellettuali e nobili di corte. Non sono quindi soggetti al controllo ufficiale.

Ma sotto la spinta di alcuni statisti, tra cui Richelieu (1585-1642) e Colbert (1619-1683), viene messa in atto una politica culturale: da quel momento in poi, gli artisti mettono il loro talento al servizio del potere costituito, che si pone come principale mecenate. L'arte deve sostenere l'autorità, garantire l'ordine sociale e contribuire al prestigio della Corte. Questo fenomeno, che trionfa in Francia, favorisce l'avvento del classicismo, caratterizzato da un'estrema codificazione dell'arte.

Anzi, l'arte stessa si rinnova. In contrasto con l'arte barocca del Rinascimento, che non segue alcuna regola, l'arte classica sostiene ovunque un'estetica di coerenza, equilibrio, misura ed efficienza, assimilata al buon gusto prevalente: ogni elemento deve essere padroneggiato e far parte di una struttura regolare. In letteratura, il linguaggio deve essere chiaro, ordinato e accessibile, e i temi devono essere nobili.

Per ogni disciplina vengono definite regole rigorose. Ad esempio, il teatro è regolato dalla *Pratique du théâtre* (1657) di Aubignac (scrittore francese, 1604-1676), la poesia da *L'Art poétique* (1674) di Boileau. Lo stesso vale per l'architettura, la pittura, la scultura, la danza, la musica, ecc. Da quel momento in poi, la pratica di un'arte consiste nella ripetizione di un quadro consacrato.

LA FAVOLA PRIMA DI LA FONTAINE

Le favole sono racconti brevi. Presentano da due a tre personaggi, raramente di più, che di solito hanno la forma di animali parlanti. La storia si conclude con una morale che le dà un senso, svolge un ruolo educativo e spinge il lettore a riflettere.

Le favole esistono fin dall'antichità. Quelle di Esopo (scrittore greco, VII-VI secolo a.C.) e Fedro (favolista latino, 14 a.C.-50 d.C.) sono le più note, ma non sono le uniche. Nel Medioevo, i sermoni utilizzano le favole per educare e intrattenere i parrocchiani. Allo stesso tempo, i bestiari presentano gli animali come modelli o repulsori. Nello stesso periodo appaiono delle raccolte di favole, gli isopet ("piccoli Esopo"), mentre Marie de France (poetessa francese, 1154-1189) compone un centinaio di favole in versi. Dal Rinascimento alla metà del XVII secolo abbondano le traduzioni di favole antiche o italiane.

Tuttavia, La Fontaine ha rinnovato il genere. Sebbene abbia attinto a piene mani dalle storie di Esopo, Fedra e del *Roman de Renart*, che costituivano la base del suo repertorio, per alcune favole si è ispirato anche a testi orientali, soprattutto nell'ultima raccolta (come sottolinea lo scrittore nel suo «Avertissement»). Le storie orientali furono spesso utilizzate come ispirazione da autori dell'epoca, come Corneille (1606-1684), François Bernier (1620-1688), Molière (1622-1673) e Racine (1639-1699). In questo modo, La Fontaine cercò di inserirsi nella corrente letteraria del suo tempo. Inoltre, anche la sua concezione della favola si è evoluta, il che spiega perché le sue fonti di ispirazione hanno fatto altrettanto.

L'influenza dei racconti pastorali si nota anche nelle favole più liriche sui pastori sulle verdi colline o in riva a un ruscello, come "Tircis e Amarante" (VIII, XIII), *"Daphnis e* Alcimadure" (XII, XXIV) o "Le figlie di Minée" (XII, XXVIII). Sono evidenti anche gli echi dei *Contes* de La Fontaine, più maliziosi e a volte sornioni, ad esempio in «Le Mal Marié» (VII, II) e «La Matrone d'Éphèse» (XII, XXVI).

La Fontaine si considerava soprattutto l'erede di una lunga tradizione. L'epilogo del Libro XI ne è la testimonianza: ritenendo di aver dato tutto il suo contributo alla favola, l'autore incoraggiò altri scrittori a sostituirlo e a perpetuare il genere. Inoltre, nel XVIII e XIX secolo, molti altri scrittori si cimentarono nell'arte della favola, ma nessuno di loro raggiunse la stessa fama di Jean de La Fontaine.

CHIAVI DI LETTURA

UN CAPOLAVORO INASPETTATO

La tradizione scolastica apprezzava le favole per la loro uti-
lità. Infatti, nei collegi gesuiti creati nel XVI secolo (riservati
alle élite), gli scritti di Esopo e Fedro servivano come base di
lavoro. Questi testi erano sufficientemente brevi per impa-
rare le cosiddette lingue "classiche", per apprendere le figure
retoriche e per esercitarsi nella riscrittura o nell'imitazione.

Tuttavia, il genere non era considerato prestigioso. Fu quindi
con umiltà che La Fontaine si accinse a scrivere le *Favole*. In
effetti, l'intero titolo menzionava solo una «mise en vers».
Questo testimoniava la modesta intenzione iniziale di riela-
borare e aggiornare le vecchie storie. Ma grazie al suo accu-
rato lavoro, lo scrittore offrì testi di livello letterario pari – o
addirittura superiore – ai suoi modelli. Così facendo, La
Fontaine mise in un certo senso sotto i riflettori la lingua francese, che divenne gradualmente una lingua culturale di
riferimento.

STORIE PIACEVOLI

La Fontaine sa che i testi austeri sono noiosi e che il lettore è
avverso a qualsiasi forma di pedanteria. Lo scrittore non
vuole apparire come un moralizzatore. Per questo cerca di
rendere le sue storie divertenti oltre che istruttive. L'obiettivo
è quello di piacere al pubblico, ma soprattutto di farlo

riflettere implicitamente su alcuni temi della vita quotidiana del suo tempo.

L'autore si è così adattato al suo pubblico: si tratta di persone mondane riunite in salotti, amanti delle conversazioni piacevoli, abili nello scherzo e desiderose di parole spiritose tra persone di buona compagnia. Generi brevi come la favola trovano naturalmente posto in un simile contesto. Per questo il tono di La Fontaine è leggero, allegro, incantevole e faceto. Diventate aneddoti affascinanti, le favole hanno una nuova vitalità e la piacevole narrazione conferisce loro una certa vivacità. Ogni storia prende così vita come un piccolo spettacolo teatrale.

Tuttavia, La Fontaine non perde di vista il ruolo educativo della favola. Il piacere non impedisce la saggezza; al contrario, una sottile alchimia li unisce. Inoltre, lo scrittore moralizza senza annoiare. Questa capacità di fare commenti gioviali e divertenti, anche su argomenti seri, è caratteristica dell'eutrapelia (disposizione allo scherzo, all'arguzia e alla gentilezza), di cui Rabelais (autore francese, 1494-1553) era stato fino ad allora il miglior artigiano. Così, la morale chiude sempre la favola, anche se non è esplicitamente dichiarata.

UNO STILE CLASSICO

La scrittura di La Fontaine è caratterizzata da:

- **la scelta del verso libero.** Una versificazione regolare, rigida e monotona avrebbe reso più difficile la lettura e rovinato il progetto dell'autore. Scegliendo il verso libero, La Fontaine si colloca a metà strada tra la prosa e il metro. In questo modo, beneficia sia della flessibilità dell'uno che del ritmo dell'altro. Il piacere nasce dalla diversità: versi di dodici, dieci, otto o sei piedi si susseguono senza un ordine apparente. L'autore non teme nemmeno gli enjambment (lo scarto di ciò che termina la frase nella riga successiva, cfr. «L'Ivrogne et sa Femme», III, VII, v. 5-6). Con questi dispositivi, il poeta può facilmente scambiare un tono con un altro a seconda dell'argomento trattato e catturare costantemente l'attenzione del lettore. Ad esempio, l'accorciamento improvviso delle linee dà un'impressione di velocità e crea sorpresa:

"Come ha suonato la carica, ha suonato la vittoria,

Andare dappertutto per annunciarlo, e durante il tragitto incontrare

L'agguato di un ragno

Anche questo incontra la sua fine".

("Il leone e il moscerino", II, IX, v. 33-34)

Questa varietà dinamica è evidente alla fine del poema, dove la caduta è spesso accompagnata da un cambiamento metrico ("La montagna in travaglio", V, X);

Inoltre, le rime apportano una ricchezza di lavoro al testo e un'armonia alla lettura;

- **una ricerca di concisione.** La Fontaine predilige una sintassi semplice e raffinata e un vocabolario accessibile. La sua eleganza è molto curata, ma dall'aspetto naturale;

- **racconti.** "Le opere lunghe mi spaventano", dichiara La Fontaine nell'epilogo del libro VI di La Rochefoucauld, autore delle *Maximes* (1664). Si è quindi fatto carico del requisito della brevità: ci teneva a non esaurire l'argomento, a evitare chiacchiere inutili che avrebbero confuso il lettore e rovinato il suo piacere. Questo risponde anche a una preoccupazione di prudenza: una favola che porta a un'interpretazione unilaterale non è attraente. Essere esaustivi può quindi rivelarsi pericoloso (« Discours à Monsieur le Duc de La Rochefoucauld », X, XIV). Tuttavia, con il progredire delle raccolte, le favole diventano gradualmente più lunghe. Ad esempio, « Le Paysan du Danube » (XI, VII, 94 righe) o « Les Compagnons d'Ulysse » (XII, I, 114 righe) si discostano da questo principio di brevità.

ARGOMENTAZIONE E FAVOLA

L'argomentazione consente allo scrittore di affermare un punto di vista personale. Può farlo in modo diretto, esprimendo la sua opinione su importanti questioni sociali, o indiretto, invitando il lettore a trarre una lezione morale dalla storia. Nei suoi testi, La Fontaine affronta argomenti contraddittori e porta il lettore a formarsi un proprio giudizio.

La favola è un'argomentazione indiretta che, attraverso il piacere del racconto, permette di impartire una lezione al lettore. Per convincere il lettore, fa appello alla ragione. La difesa di un punto di vista si basa sulla forza e sulla diversità degli argomenti e degli esempi. Le idee sono logicamente collegate e richiamano valori fondamentali. Questa richiesta di rigore e forza logica porta il lettore ad aderire al punto di vista difeso dall'autore.

Nelle sue favole, La Fontaine inserisce spesso una sequenza argomentativa in cui fa parlare un personaggio per convincerne un altro. Ne "Il pesciolino e il pescatore", il pesciolino cerca di convincere il pescatore a risparmiarlo:

> *"Cosa ne farete di me? Non posso fornire*
>
> *Non più di mezzo boccone.*
>
> *Lasciate che la carpa diventi :*
>
> *Verrò ripescato da voi;*
>
> *Qualche grande sostenitore mi comprerà:*
>
> *Invece di cercarlo*
>
> *Forse un altro centinaio della mia taglia*
>
> *Per preparare un piatto. Quale piatto?*
>
> *Credetemi, non c'è niente che valga la pena". (Libro V)*

In "La pentola di terra e la pentola di ferro", la pentola di ferro cerca di convincere la pentola di terra a partire con lui:

> *"Non vedo nulla che la trattenga*
>
> *Vi metteremo al riparo*
>
> *Se un materiale duro*
>
> *Minacciando l'avventura*
>
> *Nel mezzo passerò,*
>
> *E così vi salverò". (ibidem)*

Tuttavia, le argomentazioni, per quanto convincenti, spesso non sono sufficienti a cambiare il corso del racconto. Infatti, il Pesciolino viene mangiato e il Vaso di Terra finisce per rompersi. In breve, i deboli non sempre sopravvivono contro i forti. Così, la dimensione argomentativa della favola non è legata esclusivamente alla morale, ma i dialoghi stessi sono ricchi di elementi argomentativi. Questo permette al lettore di riflettere sull'esito della favola, sui personaggi e su ciò che rappresentano.

GLI ANIMALI COME RAPPRESENTANTI DELLA SOCIETÀ

Il potere delle favole

> *"Le favole non sono quello che sembrano:*
>
> *L'animale più semplice prende il posto di un padrone". ("Il pastore e il leone", VI, I)*

Ciò che rende le favole così fertili è la corrispondenza tra il mondo animale e quello umano. In effetti, ciò che accade agli animali può accadere agli esseri umani, come ogni lettore sa. L'analogia è un modo per svelare il funzionamento della società umana e, spesso, i suoi fallimenti. In effetti, se enunciate senza mezzi termini, queste verità morali sembrerebbero sinistre. Al contrario, il modo giocoso e piacevole in cui queste allegorie sono presentate cattura l'interesse del lettore e porta gradualmente alla scoperta di un significato potente.

In questo modo, nascondendo il messaggio a prima vista, il fabulatore si assicura che sia ben accolto dal pubblico, ma evita anche la censura. Anche se un lettore esperto comprende i riferimenti dei personaggi, nulla è reso esplicito e questo permette a La Fontaine di evitare qualsiasi conflitto con le autorità politiche o, comunque, di difendersi con l'argomento del genere narrativo della favola.

Tipi specifici

Gli animali delle *Favole* assomigliano a persone reali e hanno tratti caratteriali stereotipati. Alcune identificazioni sono più facili da distinguere di altre. La volpe, ad esempio, svolge sempre il ruolo di adulatore e imbroglione: usa l'adulazione per ingannare le persone e in questo senso rappresenta i cortigiani. Il leone, invece, rappresenta il re in tutti i suoi stati: può essere potente, crudele, sprezzante, ma anche ingenuo, malato o vecchio ("Il leone che va alla guerra"). Il lupo può rappresentare la crudeltà e il potere ("Il lupo e la volpe"). Il gatto simboleggia l'inganno e l'ipocrisia ("Il porcellino, il gatto e il topo").

Oltre a questi personaggi, La Fontaine utilizza talvolta oggetti ("Il vaso di terra e il vaso di ferro"), uomini ("La lattaia e il vaso di latte") o elementi naturali ("Il ruscello e il fiume", "La quercia e il giunco"). L'uso di personaggi diversi dagli animali permette inoltre al favolista di evitare qualsiasi collegamento diretto con la realtà e di enfatizzare l'aspetto fittizio e divertente della favola, dal momento che gli oggetti o gli elementi non possono parlare e nemmeno muoversi.

La Fontaine dipinge così un panorama della società del suo tempo. Dipinge sia i grandi (il re e i suoi cortigiani) sia i piccoli (il popolo, i contadini e gli artigiani). Attraverso la personificazione e la prosopopea (un processo che dà voce a un animale o a un oggetto), dà vivacità alle sue favole.

ARGOMENTI TRATTATI

Nonostante la loro diversità, le *Favole* contengono alcune idee comuni, che convergono verso una sorta di saggezza sociale o di modesta filosofia: consapevolezza delle disuguaglianze, denuncia dell'abuso di potere, monito contro l'ambizione e consiglio ai potenti.

Una dichiarazione: l'ingiustizia esiste

La Fontaine espone tutta una serie di comportamenti legati al potere e non ne nasconde le derive perverse: supposti per garantire il bene collettivo, i governanti esercitano l'autorità anche per difendere il loro interesse personale a scapito dei sudditi. I forti sopraffanno i deboli con le loro risoluzioni arbitrarie. Ne "Il lupo e l'agnello", le proteste della vittima sono di scarsa importanza: il lupo mangerà comunque l'agnello "senza ulteriori indugi". Il suo appetito non può rimanere insoddisfatto. In "La giovenca, la capra e la pecora in società con il leone" (I, VI), quest'ultimo si appropria spudoratamente delle quote di gioco degli altri tre. Ne "Gli animali malati di peste" (VII, I), nessuno osa accusare i potenti (il Leone, la Tigre, l'Orso) di essersi sottratti alle proprie responsabilità di fronte alle difficoltà; è un misero e indifeso somaro a pagarne le conseguenze, fungendo da capro espiatorio.

Lo scrittore non cerca di giustificare gli abusi di potere. È pragmatico, mostra solo che la forza a volte prevale sul diritto, che il bene può essere mal ricompensato ("L'uomo e il serpente", X, I). Il motivo per cui La Fontaine presenta queste situazioni è per ricordare al lettore un fatto che deve tenere presente: non viviamo in una società ideale in cui tutti rispettano le regole nell'interesse comune. La crudeltà, l'inganno, la truffa e l'avidità sono abietti e inaccettabili, ma sono comunque reali. Lo scrittore bandisce l'angelismo e incoraggia la critica e la riflessione.

Indirettamente, il narratore esorta il lettore alla cautela: a titolo di protezione, solo una reale distanza da parte dei deboli, dei contadini nei confronti di chi potrebbe far loro del male, tiene i giusti fuori dalla portata dei malvagi. E se proprio non si possono evitare le persone cattive, tanto vale sapere come non caderne vittima: tenerle in considerazione ed evitare di farsi coinvolgere troppo. Sta a ciascuno di noi creare il proprio spazio di libertà e diffidare, come il vecchio topo de "Il gatto e il vecchio topo" (III, XVII).

> "Un ratto senza più, si astiene dal fiutare in giro
>
> Era un veterano, conosceva più di un trucco;
>
> Anche lui aveva perso la coda in battaglia
>
> "Questo blocco infarinato non mi dice nulla di utile".
>
> Gridò da lontano al Generale dei Gatti.
>
> Sospetto che ci sia ancora qualche macchina sotto di noi.
>
> Non ha senso essere farinosi;
>
> Perché quando sarai un sacco, non mi avvicinerò a te
>
> Gli è stato detto bene; approvo la sua prudenza:
>
> Aveva esperienza,
>
> E sapeva che la sfiducia
>
> È la madre della sicurezza".

In questa favola il topo sospettava del gatto e, grazie a questo sospetto, non veniva mangiato.

Abuso di potere

La morale delle favole spesso nasconde la critica del favolista alla società e al potere politico vigente. Per lui l'uso degli animali è un modo per proteggersi. In « Les Animaux malades de la peste », La Fontaine denuncia gli eccessi del potere assoluto. L'Asino viene giudicato in un processo per un male di cui nessuno è responsabile: la peste. Il Lupo e la Volpe si difendono, adulano il re e finiscono per giudicare la fame dell'Asino come un atto criminale:

> *"Il suo peccatuccio è stato considerato un caso di impiccagione*
>
> *Mangiare l'erba degli altri! Che crimine abominevole!*
>
> *Nient'altro che la morte era in grado di*
>
> *Per espiare il suo crimine". (Libro XII)*

L'asino è quindi la vittima ideale. Non il più colpevole, ma il più debole viene sacrificato: "A seconda che tu sia potente o miserabile/ Le sentenze del Tribunale ti renderanno bianco o nero".

Un monito contro l'ambizione

Allo stesso tempo, La Fontaine critica gli orgogliosi e i presuntuosi che tentano di uscire dalla loro posizione e di elevarsi a un rango sociale superiore. Questi individui negano la loro vera natura e sopravvalutano le loro capacità, come "la rana che vuole essere grande come il bue" (I, III). Vedono solo ciò che credono, come ne "La rondine e gli uccellini" (I, VIII).

Ignorano i propri difetti e stigmatizzano quelli degli altri: "La quercia e il giunco" (I, XXII), "La borsa" (I, VII), "L'uomo e la sua immagine" (I, XI), "L'uomo e il serpente" (X, I).

Con la loro arroganza, queste persone insolenti si mettono nei guai. Nel migliore dei casi incorrono nel ridicolo ("Il corvo e la volpe", "La volpe e la cicogna"), nel peggiore nella morte. Anche in questo caso, La Fontaine raccomanda la prudenza: ognuno deve accontentarsi di ciò che ha. In questo modo, lo scrittore denuncia l'ordine sociale così com'è, ma senza incitare alla ribellione o a qualsiasi altra forma di rivolta, con l'obiettivo di denunciare l'ingiustizia e di rendere conto delle disuguaglianze presenti nella società.

Consigli ai più potenti

La Fontaine raccomanda una certa modestia, anche ai potenti. Anzi, sembra rivolgersi a loro in alcune favole e ne condanna gli eccessi.

Innanzitutto, lo scrittore critica l'uso della forza senza motivo. L'abuso di potere e la crudeltà sono caratteristiche dei lupi con istinti poco controllati. Altri animali, invece, sono in grado di esercitare il potere senza malizia: la vespa giudica, assistita da un'ape ("I calabroni e i mosconi", I, XXI), il leone è magnanimo ("Il leone e il topo", II, XI), ecc. Questi animali sanno bene che "spesso si ha bisogno di qualcuno più piccolo di sé" (*ibid.*). Capiscono anche che, astenendosi da inutili brutalità, l'uomo forte acquisisce la reputazione di uomo giusto. Si fa rispettare. E un leader benevolo ha maggiori probabilità di essere creduto e di ricevere piena collaborazione. È quindi nell'interesse del leader essere misericordioso, premuroso e contenere la propria forza. In questa relazione, entrambe le parti vincono: il soggetto vive in pace e il potente obbedisce per consenso. Anche in questo caso, l'autore classico garantisce la stabilità sociale.

In quest'ottica, il potere (acquisito o ricevuto) vale quanto il suo utilizzo. Ciò implica essere degni della propria posizione e comportarsi in modo responsabile. Bisogna saper moderare le proprie passioni (impazienza, amarezza, rabbia, avidità). Come si può comandare gli altri se non si è in grado di comandare se stessi? Ne "I due muli" (I, IV), La Fontaine mostra anche i pericoli di coloro che ricoprono alte cariche e che, per vanità, non misurano il rischio.

Gli ingannatori diventano gli ingannati

Molto spesso il lettore può constatare che il più debole perde contro il più forte. Tuttavia, La Fontaine sapeva anche come invertire questa tendenza e mettere la parte più debole in una situazione dannosa per quella più forte. "Il leone e il moscerino" è uno degli esempi più eloquenti. La storia di un "insetto gracile" che riesce a ingannare il Leone illustra questa inversione di ruoli.

In questa favola, anche se il moscerino alla fine viene catturato da un ragno, trionfa sul re, nonostante il suo peso disuguale. Il finale ha due morali: la prima è quella di diffidare delle persone che sembrano innocue; la seconda è che anche se scampiamo a un grande pericolo, dobbiamo continuare a essere prudenti e attenti, perché se siamo distratti dalla nostra vittoria, anche il più piccolo pericolo può attenderci.

Ne "Il gallo e la volpe", la volpe cerca di ingannare il gallo fingendo che ci sia pace tra tutti gli animali affinché l'uccello scenda dal suo albero, ma finisce per cadere nella sua stessa trappola. Alla sua proposta, il Gallo risponde:

> *"Amico, non potrei mai*
>
> *Imparare una notizia più dolce e migliore*
>
> *Quella di questa pace.*
>
> *[…]*
>
> *Vedo due levrieri,*
>
> *che, mi assicuro, sono corrieri*
>
> *Che per questo argomento inviamo.*
>
> *Vengo giù e possiamo scopare tutti insieme.*
>
> *Addio", disse la Volpe, "il mio mestiere tarda ad arrivare.*
>
> *Attendiamo con ansia il successo del caso*
>
> *Un'altra volta". (Libro II)*

Così, la Volpe, grande ingannatrice, non riesce a intrappolare il Gallo, che può ridere della sua fuga.

E molti altri temi...

Poiché le *Favole* sono numerose, non sorprende che anche i temi trattati siano numerosi. La Fontaine voleva essere il più completo possibile nella rappresentazione della società del suo secolo. A tal fine, la narrazione e i discorsi devono riflettere una situazione probabile nella realtà. I temi affrontati da questa trama sono poi illustrati dai personaggi e dalle loro azioni.

Inoltre, le favole che cercano di piacere, da un lato, devono soddisfare i diversi gusti e le diverse attrattive dei lettori. Ecco perché i compromessi del benessere (Le Loup et le Chien, I, V), gli amori (L'Homme entre deux âges, I, XVII), la morte (La Mort et le Malheureux, I, XV; La morte e il taglialegna, I, XVI), i capricci della fortuna (Il leone e il moscerino, II, IX), le dipendenze (L'ubriacone e sua moglie, III, VII), le donne (La donna annegata, III, XVI), la politica domestica (Le rane che chiedono un re, III, IV) e internazionale (Il drago dalle molte teste, I, XII; I ladri e l'asino, I, XIII), lo sforzo premiato (La cicala e la formica, I, I), ecc. Sono tutti temi variegati che possono interessare un pubblico che si sente coinvolto da una delle storie narrate.

SPUNTI DI RIFLESSIONE

ALCUNE DOMANDE PER UN'ULTERIORE RIFLESSIONE...

- Trovate le massime di La Fontaine che sono diventate proverbiali.

- Si noti il numero di favole per libro. Quali commenti può fare al riguardo?

- Confrontate le favole animali con quelle umane. Quali sono le vostre osservazioni?

- La prima raccolta è dedicata al figlio di Luigi XIV, «a Monseigneur le Dauphin» (1661-1711). Secondo voi, cosa ha motivato questa scelta nell'approccio di La Fontaine?

- Individuate alcuni interventi palesi del narratore, quando afferma il suo punto di vista o sfida il lettore. Che legame può stabilire con l'ambiente sociale dell'epoca?

- A quale di queste due proposizioni riferireste le *Favole*: allo scoppio di risa o al sorriso? Giustificate la vostra risposta.

- Le *Favole sono* caratterizzate da una grande varietà, ma sono anche disordinate e prive di unità stilistica? Giustificate la vostra risposta.

- Confrontate le *Favole* di La Fontaine con *La fattoria degli animali* (1945) di George Orwell (scrittore inglese, 1903-1950).

- Oggi le *Favole sono* considerate parte della letteratura per l'infanzia. Credete che si tratti di un errore di valutazione? Si prega di spiegare.

- Come possiamo spiegare l'adattamento di favole famose in cartoni animati?

PER ANDARE OLTRE

EDIZIONE DI RIFERIMENTO

LA FONTAINE J. DE, *Fables*, Paris, Le Livre de Poche, coll. « Les Classiques de Poche", 2002, 544 p.

STUDI DI BENCHMARK

BONECQUE P., *Favole, La Fontaine: analisi critica,* Parigi, Hatier, 1984.

DANDREY P., *La fabrique des* Fables*: essai sur la poétique de la Fontaine,* Paris, Klincksieck, 1992.

DANTZIG C., « La Fontaine (Jean de) », in *Dictionnaire égoïste de la littérature française*, Paris, Grasset, 2005, coll. « Le Livre de Poche », pp. 515-518.

« Favole », in *Dictionnaire des Grandes Œuvres de la littérature française*, Paris, Larousse-VUEF, 2001, pp. 447-452.

HORVILLE R., « La Fontaine », in *Patrimoine littéraire européen*, vol. 8, Bruxelles, De Boeck, 1996, p. 759-771.

LA FONTAINE J. DE, *Favole, libri da I a VI*, commento di G. Peureux, Parigi, Larousse, collezione « Petits Classiques », 2008.

SIMONOT L., *Le Loup dans les fables*, Nathan, coll. « Carrés classiques », 2014.

Vogliamo sapere da voi!
Lasciate un commento sulla vostra biblioteca online
e condividete i vostri libri preferiti sui social media!

Perché scegliere Must Read?

Scoprite tutto quello che c'è da sapere su un libro, con i nostri riassunti e le nostre analisi concise e approfondite!

Scoprite il meglio della letteratura sotto una luce completamente nuova!

MUST READ ANALISI DEL LIBRO

Lo straniero

Albert Camus

MUST READ ANALISI DEL LIBRO

Il Grande Gatsby

Francis Scott Fitzgerald

MUST READ ANALISI DEL LIBRO

Una bottiglia nel mare di Gaza

Valérie Zenatti

MUST READ ANALISI DEL LIBRO

Vorrei che da qualche parte ci fosse qualcuno ad aspettarmi

Anna Gavalda

MUST READ ANALISI DEL LIBRO

Il conte di Montecristo

Alexandre Dumas

MUST READ ANALISI DEL LIBRO

Il profumo

Patrick Süskind

www.50minutes.com

www.50minutes.com

Master ISBN: 9782808690362
ISBN cartaceo: 9782808611763
Deposito legale: D/2023/12603/1456

Copertura: © Primento

Concezione digitale a cura di Primento, il partner digitale degli editori.